Ein Bilderbuch von Christine Jüngling
mit Bildern von Susanne Szesny

Christine Jüngling – Susanne Szesny

Indianerkind
Kleiner Adler

albarello

Kleiner Adler sitzt alleine in seinem Tipi und spielt mit ein paar Kieselsteinen. Fast alle anderen Indianerkinder sind schon draußen. Da steckt sein bester Freund Schnelles Pferd den Kopf durch die Tipiöffnung und fragt: „Kleiner Adler, kommst du mit mir zum Spielen?" „Ja, ich komme gleich", murmelt er. Obwohl Kleiner Adler gerne draußen spielt, hat er heute keine besondere Lust dazu. Langsam steht er auf und geht mit Schnelles Pferd auf die Wiese vor den Zelten.

Dort hockt er sich ins Gras und schnitzt lustlos an einem Stock herum.
Ab und zu schaut er verstohlen zu einer Gruppe von Kindern hinüber.
Es ist Starker Büffel mit seiner Bande.
Sie sind zu fünft und machen immer spannende Spiele gemeinsam.
Heute zielen sie mit Pfeil und Bogen auf eine große Strohscheibe, die an
der hohen Birke befestigt ist. Bei jedem Treffer gibt es ein begeistertes
Jubelgeschrei. Auch Mutige Bärin, die Kleiner Adler sehr mag, ist dabei.
Kleiner Adler würde gerne auch ein Bandenmitglied sein.
„Guck mal, die üben heute wieder mit Pfeil und Bogen zu schießen",
sagt Kleiner Adler zu seinem Freund.
„Wollen wir mal fragen, ob wir mitmachen dürfen?", schlägt Schnelles
Pferd vor.
„Mmh", antwortet Kleiner Adler nur. Er glaubt nicht, dass Starker Büffel
damit einverstanden ist. Trotzdem geht er zögernd mit seinem Freund
zu der Birke.

„Dürfen wir bei euch mitspielen?", ruft Schnelles Pferd einem Kind zu, das Blauer Mond heißt.

„Keine Ahnung, da müsst ihr unseren Anführer Starker Büffel fragen", entgegnet Blauer Mond.

Starker Büffel hat mit seinem Pfeil gerade die Mitte der Zielscheibe getroffen und kommt nun angeberisch auf Kleiner Adler und Schnelles Pferd zu.

„Können wir in deine Bande kommen?", fragt Kleiner Adler.

„So einfach ist das nicht", sagt Starker Büffel. „Wenn ich euch aufnehmen soll, dann müsst ihr erst eine Prüfung machen."

„Was für eine Prüfung?", möchte Schnelles Pferd wissen.

„Eine schwere Prüfung mit drei Mutproben", antwortet Starker Büffel. „Aber das schafft ihr sowieso nicht!"

Kleiner Adler schaut angriffslustig zu Starker Büffel auf, der viel größer ist als er.

„Ich glaube schon, dass wir das schaffen", sagt er. „Du musst uns nur sagen, was wir machen sollen."

Starker Büffel denkt einen Moment lang nach, dann sagt er:

„Morgen sage ich euch, was ihr tun müsst."

Beim Mittagessen im Zelt ist Kleiner Adler heute sehr still. Er erzählt seiner Mutter Helle Sonne nichts von der Bande und auch nichts von der Prüfung, die er vielleicht bestehen muss. Kleiner Adler wünscht sich so sehr zu dieser Bande zu gehören, dass er fast alles dafür tun würde.
„Was ist los mit dir?", fragt die Mutter besorgt.
„Gar nichts", antwortet Kleiner Adler, während er in seinem Essen herumstochert.

Am Nachmittag treffen sich Kleiner Adler und Schnelles Pferd an einem kleinen See in der Nähe der Zelte.
Heute reden sie nur über die Mutprobe.
„Was glaubst du, was wir machen müssen?", fragt Schnelles Pferd seinen Freund.
Kleiner Adler zuckt mit den Schultern.
„Ich weiß es nicht, aber Starker Büffel denkt sich bestimmt etwas ganz Gemeines aus."
Plötzlich hören sie fröhliches Kindergeschrei.
Kurz darauf saust die gesamte Bande von Starker Büffel auf ihren Ponys heran.
Kleiner Adler erkennt, dass alle ihre Gesichter heute besonders bunt bemalt haben. Neidisch schaut er ihnen nach. Am liebsten würde er sofort mitspielen.
Aber Starker Büffel und die anderen beachten ihn und Schnelles Pferd überhaupt nicht.
„Morgen werden wir es ihnen schon zeigen", sagt Kleiner Adler trotzig.

Am nächsten Morgen gehen Kleiner Adler und Schnelles Pferd zu der hohen Birke.

Schon kommt Starker Büffel auf die beiden zu.

„Seid ihr bereit?", fragt er.

„Klar", antwortet Kleiner Adler selbstsicher, obwohl er sehr aufgeregt ist.

„Ihr müsst drei Sachen machen", erklärt Starker Büffel. „Das hier ist die erste."

Er holt eine kleine Lederschachtel hervor, in der eine große Spinne sitzt.

„Jeder von euch muss diese Spinne einmal an seinem Arm hochkrabbeln lassen. Traut ihr euch das?"

Ein wenig ekelt sich Kleiner Adler schon vor Spinnen, aber er weiß auch, dass diese nicht gefährlich ist.

„Kein Problem", sagt Kleiner Adler deshalb.

Auch Schnelles Pferd beschließt mitzumachen.

Mutig hält Kleiner Adler seine Hand hin und Starker Büffel schüttelt ihm die dicke schwarze Spinne direkt hinein.

Die anderen Kinder umringen Kleiner Adler und beobachten gespannt, wie die Spinne an seinem Arm hinaufklettert. Kleiner Adler verzieht dabei keine Miene. Es kitzelt ein wenig, findet er, aber das ist überhaupt nicht schlimm.

„Du hast die erste Mutprobe bestanden", sagt Starker Büffel schließlich. Vorsichtig nimmt er die Spinne und setzt sie auf den Arm von Schnelles Pferd.

Auch er besteht die Prüfung.

„Als Nächstes", sagt Starker Büffel, „müsst ihr beweisen, dass ihr mutig genug seid, ganz hoch auf den Baum zu klettern. Ich habe zwei Federn oben in ein Astloch gesteckt. Jeder muss mir eine davon bringen."
Starker Büffel deutet auf den Wipfel der hohen Birke.
„Worauf warten wir noch?", fragt Kleiner Adler. Er ist zwar schon oft auf Bäume geklettert, aber noch nie so hoch.
Die Birke ist ein guter Kletterbaum mit vielen dicken Ästen. Was soll schon passieren?, denkt Kleiner Adler.
Die beiden Indianerjungen klettern geschickt den Baum hinauf.
Als es nicht mehr höher geht, entdeckt Kleiner Adler tatsächlich die beiden Federn.
Kurz darauf stehen er und Schnelles Pferd wieder auf sicherem Boden und jeder überreicht Starker Büffel stolz seine Feder.
„Toll, Kleiner Adler, wie mutig du bist!", ruft Mutige Bärin.
Darüber freut sich Kleiner Adler besonders.
„Nicht schlecht", muss auch Starker Büffel zugeben. „Heute Nachmittag treffen wir uns hinter den weißen Felsen am kleinen Fluss. Dann müsst ihr den schwersten Teil der Prüfung bestehen."

Kleiner Adler ist froh, dass er bis hierhin alles so gut geschafft hat.
So hoch auf die Birke zu klettern fand er schon sehr gewagt und er kann
sich gar nicht vorstellen, noch etwas Gefährlicheres zu tun.
Aber Schnelles Pferd sagt: „Egal, was es ist, das machen wir auch noch!"

Wieder sitzt Kleiner Adler schweigend beim Mittagessen.
„Habt ihr schön gespielt?", möchte die Mutter wissen.
„Ja", antwortet Kleiner Adler kurz. Am liebsten würde er Helle Sonne von
den bestandenen Mutproben erzählen. Aber Kleiner Adler hat Angst,
dass sie ihm dann verbietet, nachher zum weißen Felsen zu gehen.
Trotzdem möchte er unbedingt mit jemandem darüber reden.
So beschließt er zum Medizinmann des Stammes zu gehen. Er heißt
Donnernder Fluss. Schon oft war Kleiner Adler bei ihm, wenn er etwas
auf dem Herzen hatte.

„Weißt du, Donnernder Fluss", erzählt Kleiner Adler stolz, „ich habe heute zwei Mutproben bestanden."

„So, welche Mutproben denn?", fragt der Medizinmann.

Und dann berichtet Kleiner Adler von seinen Erlebnissen mit Starker Büffel und seiner Bande. „Aber heute Nachmittag kommt erst die schwerste Prüfung."

„Und jetzt hast du Angst, dass Starker Büffel etwas von euch verlangt, was dir zu gefährlich ist, hab ich Recht?", vermutet Donnernder Fluss.

Kleiner Adler nickt. „Was soll ich denn da machen?", fragt er.

„Findest du es denn gut, dass Starker Büffel diese Mutproben von euch verlangt?", möchte der Medizinmann wissen.

„Eigentlich nicht", sagt Kleiner Adler. „Aber ich will doch in die Bande. Und Indianerkinder müssen stark und furchtlos sein."

Donnernder Fluss schweigt einen Augenblick, bevor er sagt: „Weißt du, Kleiner Adler, ich halte nichts von solchen Mutproben. Es ist kein guter Weg, Freunde zu finden. Und richtig stark ist der, der auch auf seine Furcht achtet. Wichtig ist jetzt, dass du es erkennst, wenn es zu gefährlich wird."

„Und wie soll ich das erkennen?", fragt Kleiner Adler. Der Medizinmann lächelt bedeutungsvoll: „Das ist manchmal sehr schwer."

An einem Stab in seinem Zelt baumeln einige Ledersäckchen. Eines davon nimmt Donnernder Fluss nun und hängt es Kleiner Adler um den Hals.

„Tu etwas hinein, was dir wertvoll ist", erklärt er dem staunenden Jungen. „Wenn Starker Büffel dir sagt, was du als Mutprobe machen sollst, nimmst du das Ledersäckchen in die Hand. Du schließt die Augen und hörst, was dein Herz dir sagt. Ich bin sicher, dass du so merkst, wann dich deine Angst schützt und du Nein sagen musst."

Kleiner Adler steckt eine Feder in den Lederbeutel, die er einmal gefunden hat.

Wie verabredet treffen sich die Indianerkinder hinter den weißen Felsen.

Ob sie von dem Felsen springen sollen, überlegt Kleiner Adler.

Aber da sagt Starker Büffel: „Für die letzte Mutprobe müssen wir zum kleinen Fluss gehen."

Kleiner Adler darf jedoch nicht am kleinen Fluss spielen. Das Ufer ist rutschig und das Wasser fließt ziemlich schnell. Es ist zu gefährlich!

Trotzdem geht er heute mit.

Starker Büffel bleibt an einer Stelle stehen, wo ein schmaler Baumstamm quer über dem kleinen Fluss liegt.

„Hier müsst ihr drüberlaufen, bis zur anderen Seite und wieder zurück", sagt er.

Die Kinder tuscheln miteinander.

Schnelles Pferd wirft seinem Freund einen ängstlichen Blick zu.

Kleiner Adler greift nach dem Ledersäckchen, das er um seinen Hals trägt.

Er umschließt es fest mit der Hand und schließt die Augen.

Sein Gefühl sagt ihm, dass er das lieber nicht wagen sollte.

„Das mache ich nicht!", sagt er zu Starker Büffel. „Das ist lebensgefährlich."

„Wollt ihr in meine Bande oder nicht?", fragt Starker Büffel ungeduldig.

„Ich mach's", sagt Schnelles Pferd und geht auf den Baumstamm zu.
Kleiner Adler hält seinen Freund am Arm fest.
„Schnelles Pferd, lass das bitte! Stell dir vor, du fällst ins Wasser.
Du kannst doch noch gar nicht schwimmen."
Schnelles Pferd schaut nach unten in das schäumende Wasser.
„Ich mach da auch nicht mit", sagt er schließlich.
„Feiglinge!", ruft Starker Büffel. „Ich werde euch beweisen, wie
babyleicht das ist."
Schon steht er auf dem Baumstamm.
„Kleiner Adler hat Recht", mischt sich Mutige Bärin ein, „das ist
zu gefährlich."
Aber Starker Büffel will davon nichts wissen. Er beginnt über den
glitschigen Stamm zu balancieren. Atemlos beobachten ihn die
anderen. Langsam setzt Starker Büffel einen Fuß vor den anderen.
Plötzlich rutscht er aus und beginnt zu schwanken. Er verliert das
Gleichgewicht und stürzt in den Fluss.

„Hilfe!", schreit Starker Büffel und rudert dabei wild mit den Armen herum.

Die Kinder starren erschrocken ins Wasser.

Nur Kleiner Adler greift schnell nach einem langen Ast, der am Ufer liegt, und hält ihn in den kleinen Fluss.

Starker Büffel bekommt das Ende zu fassen und Kleiner Adler kann ihn mithilfe von Schnelles Pferd herausziehen.

Völlig durchnässt und zitternd vor Kälte und Schreck steht Starker Büffel da und wirkt auf einmal gar nicht mehr stark.

„Danke, Kleiner Adler! Danke, Schnelles Pferd!", murmelt er. „Ich glaube, das war wirklich keine gute Mutprobe."

Und Mutige Bärin sagt: „Ich finde überhaupt keine Mutprobe gut.

Es ist dumm, nicht mutig, solche Dinge zu tun!"

Die anderen Indianerkinder stimmen ihr zu.

Auch Starker Büffel nickt zaghaft.

„Das war wirklich knapp!", sagt er noch ganz außer Atem.

„Ich finde", sagt Mutige Bärin, „es war sehr mutig von Kleiner Adler und Schnelles Pferd, dir zu widersprechen. Und es war noch mutiger von ihnen, dir aus dem Fluss herauszuhelfen. Die beiden sollten jetzt zu uns gehören!"

Starker Büffel schaut Mutige Bärin erstaunt an. Aber schließlich nickt er. Gerade als er sagen möchte: „Jetzt gehören Kleiner Adler und Schnelles Pferd zu unserer Bande", spricht wieder Mutige Bärin: „Und ich finde, wir sollten nie mehr solche Mutproben machen, die einer bestimmen darf. Wir entscheiden in Zukunft alle zusammen, ob jemand in unsere Bande aufgenommen wird oder nicht. Denn echte Freunde brauchen sich ihren Mut nicht gegenseitig zu beweisen!"

Kleiner Adler lächelt Mutige Bärin an und die anderen Kinder rufen: „Genau, so machen wir das! Echte Freunde brauchen keine Mutproben!"

CHRISTINE JÜNGLING

wurde 1963 in Frankfurt am Main geboren. Nach ihrer Ausbildung zur Fremdsprachenkorrespondentin lebte sie in einigen europäischen Hauptstädten. Seit mehreren Jahren schreibt sie Kindererzählungen und heitere Familiengeschichten.

SUSANNE SZESNY

wurde 1965 in Dorsten geboren. Sie studierte Visuelle Kommunikation in Münster und hat unter anderem bereits viele Bücher für Kinder illustriert. Seit 1990 arbeitet sie als freiberufliche Illustratorin und lebt heute in Duisburg.

Originalausgabe, 2. Auflage 2021
© 2021 Christine Jüngling (Text)
© 2021 Susanne Szesny (Illustration)
© 2021 Albarello Verlag GmbH
Alle Rechte liegen bei
Albarello Verlag GmbH, Haan
ISBN 978-3-386559-101-2

Alle unsere Bücher finden Sie unter
www.albarello.de

Albarello - Für Kinder die schönsten Bücher.
Weitere Bilderbuch-Hits zu starken Themen:

Bilderbuch-Doppelband:
„VOM EINSCHLAFEN UND
VOM SCHÖNEN TRÄUMEN"
Bärbel Spathelf (Text), Julia Volmert (Text)
Susanne Szesny (Illustration)
ab 3, 56 Seiten, Fester Einband
22,5 x 28,5 cm
978-3-86559-087-9

„EIN RUCKSACK VOLLER GLÜCK"
Ein Bilderbuch zum Thema:
Glücklich sein
Julia Volmert (Text)
Elke Broska (Illustration)
ab 3, 32 Seiten, Fester Einband
22,5 x 28,5 cm
Mit 5 Glückspostkarten (DIN A6)
ISBN: 978-3-86559-082-4

„DER BESTE FREUNDE
SAMMELBAND"
Julia Volmert (Text und Illustration)
ab 3, 144 Seiten, 20,5 x 27,6 cm
Fester Einband
ISBN: 978-3-86559-104-3

Ein Bilderbuch-Doppelband zum Thema Einschlafen und Träumen. Gemütlich einschlafen und positiv in den Schlaf finden!

Der Doppelband enthält folgende Bilderbücher:
„Jetzt wird aber geschlafen"
Jeden Abend dasselbe: Katharina kann einfach nicht einschlafen. Zuerst möchte sie noch etwas trinken, dann muss sie dringend auf die Toilette und schließlich landet sie im elterlichen Bett, weil sie Angst vor den dunklen Schatten in ihrem Zimmer hat. Klar, dass am nächsten Morgen die ganze Familie unausgeschlafen und schlecht gelaunt ist. Da bekommt Katharina von ihrem Bruder ein Kuscheltier geschenkt, das Katharina hilft, einzuschlafen und ihre Angst im Dunkeln zu überwinden. Von nun an schläft Katharina jeden Abend in ihrem eigenen Bett gemütlich ein und die ganze Familie kann endlich wieder durchschlafen.
Das zweite Bilderbuch **„Und wovon träumst du?"** ist die poetische Ergänzung zu der ersten Geschichte. In kurzen Reimen werden Kinderträume angedacht. Die fantasievollen, großformatigen Bilder regen zum Träumen an. So kann sich jedes Kind vor dem Einschlafen bewusst einen schönen Traum wünschen und sich in eine positive, angstfreie Stimmung versetzen. So lässt es sich dann gut einschlafen!

Heute ist mal wieder so ein Tag, an dem Mia und Flo alles blöd finden. Deshalb sind die Kinder heute richtig schlecht gelaunt und maulen herum. Da erzählt ihnen ihre Mutter von der Sache mit dem Glücksrucksack: „Stellt euch vor, dass jeder Mensch – vom Baby bis zum Opa – einen unsichtbaren Rucksack mit sich herumträgt.
Darin sind gute und auch schlechte Gefühle. Wenn dein Rucksack voller glücklicher Gefühle und guter Gedanken ist, fühlst du dich, als ob du Flügel hättest. Alles fällt dir leicht, es geht dir gut."
Flo nickt: „Und wenn du schlechte Gedanken und Gefühle hast?"
„Dann fühlst du dich so schwer, als müsstest du eine Ladung Steine mit dir herumschleppen", sagt Mama.
„Aber gegen schlechte Laune können wir etwas tun!" So entdecken Mia und Flo, wie sie ihren Glücksrucksack mit guten Gedanken und Gefühlen füllen können, sodass sie wieder fröhlich und glücklich sind.

Mit Glückspostkarten und zusammenfassenden Tipps im Buch!

Julia Volmerts Bilderbuchgeschichten über die ungleichen Freunde Lino und Wini:
Lino Löwe ist so groß wie ein Kleiderschrank. Wini Waschbär ist auch groß, allerdings nur wie ein Puppenschrank! Der große Löwe fürchtet sich vor fast nichts auf der Welt. Außer vor: Hunden, Gewitter, Dunkelheit, großer Höhe, bösen Bauern, Großwildjägern, unheimlichen Geräuschen, ärgerlichen Bienen und nassen Füßen.
Aber ansonsten fürchtet sich Lino vor nichts und niemandem!
Der kleine Waschbär Wini steckt voller Ideen und toller Einfälle. Deshalb sorgt er immer für Überraschungen. Doch manchmal sind Winis Ideen nicht ganz so gut. Zum Beispiel, wenn Wini seinen Freund zum Kirschenflücken auf den Baum schickt oder er Lino beim Einschlafen mit einer ganzen Schafherde helfen will. Doch stets halten die beiden Freunde zusammen, helfen einander und sorgen für viele witzige Momente.

Alle unsere Bücher finden Sie unter:
www.albarello.de

Albarello - Für Kinder die schönsten Bücher.
Weitere Bilderbuch-Hits zu starken Themen:

WIR BLEIBEN EURE ELTERN!
AUCH WENN MAMA UND PAPA
SICH TRENNEN
Julia Volmert (Text)
Susanne Szesny (Illustration)
ab 3, 32 Seiten, 22,2 x 28,5 cm
Fester Einband, Originalausgabe
ISBN: 978-3-86559-028-2

„DU GEHÖRST ZU UNS
oder Jeder ist ein bisschen
anders"
Julia Volmert (Text und Illustration)
ab 3, 32 Seiten, 22,5 x 28,5 cm
Fester Einband, Originalausgabe
22,5 x 28,5 cm
ISBN: 978-3-86559-089-3

„PASS AUF DICH AUF!"
Wenn dich ein Fremder anspricht
Bärbel Spathelf (Text)
Susanne Szesny (Illustration)
Fester Einband, Originalausgabe
ISBN: 978-3-86559-024-4

Für Jonas und Lena ändert sich im Moment vieles, da sich Mama und Papa trennen. Doch die Eltern bemühen sich, den Kindern so viel Normalität wie möglich zu bieten und ihnen die Sicherheit zu geben, dass sie immer die Eltern bleiben und dass die Bindung zwischen Eltern und Kind etwas sehr, sehr Starkes ist.

Dieses Buch zeigt, dass die neue Lebenssituation auch positiv bewältigt werden kann und dass die Kinder von beiden Eltern weiterhin geliebt werden.
„Wir bleiben eure Eltern!" kann so eine Grundlage bieten, den Kindern die Ängste und Unsicherheiten zu nehmen, die sie in dieser Lebensphase spüren.

Der Bär hat eine rote Knubbelnase und wird deshalb von der Elster ausgelacht. Er hat große Angst, dass ihn die anderen Tiere ebenfalls auslachen werden und keiner mit ihm spielen will. Als er sich versteckt, trifft er das Eichhörnchen. Auch das Eichhörnchen wurde von der Elster ausgelacht, weil es zu dick ist. Zusammen kommen sie auf einige verrückte Ideen, wie man die rote Bärennase tarnen kann. Das klappt jedoch nicht so gut, doch die Spielkameraden stören sich nicht an seiner roten Bärennase und versichern ihm, dass er zu ihnen gehört. Denn jeder darf so sein, wie er ist. Und keiner soll sich über die anderen lustig machen!

Ein Bilderbuch über das Anderssein. Darüber, dass jeder auf seine Art etwas Besonderes ist, dass man andere so akzeptieren soll, wie sie sind.

Philip und Katharina spielen allein auf dem Spielplatz, als ein fremder Mann auftaucht. Er will wissen, wie die Kinder heißen, und bietet an, sie nach Hause zu fahren. Zum Glück weiß Katharina genau, dass sie niemals mit einem Fremden mitgehen darf. Zu Hause erzählen sie sofort ihrer Mutter von dem Fremden. Und nach diesem Erlebnis besprechen die Kinder mit ihrer Mutter, wie sie sich verhalten müssen, damit sie nicht in Gefahr geraten. Nicht nur auf der Straße, sondern auch, wenn sie allein zu Hause sind, lernen die Kinder, sich richtig zu verhalten.
Und schließlich haben auch Philip und Katharina eine ganz praktische Idee, wie man besser auf sich aufpassen kann.

Spätestens wenn Kinder eingeschult werden, bewegen sie sich allein in öffentlichen Räumen. Da ist es wichtig, schon Kinder im Vorschulalter auf mögliche Gefahren hinzuweisen und mit ihnen zu besprechen, wie sie sich Fremden gegenüber verhalten sollen.

Alle unsere Bücher finden Sie unter:
www.albarello.de